So wird es gemacht:

Öffne das miniLÜK®-Lösungsgerät und lege die Plättchen in den unbedruckten Deckel.
Jetzt kannst du auf den Plättchen und im Geräteboden die Zahlen 1 bis 12 sehen.

Beispiel: Seite 2
Nomen (Namenwörter) nach dem Abc ordnen

Nimm das Plättchen 1 und sieh dir Aufgabe 1 an. Welches Nomen (Namenwort) kommt nach dem Abc zuerst? Die richtige Antwort lautet: Zapfen. Zur richtigen Antwort gehört die Zahl 12. Die 12 ist auch die Feldzahl im Lösungsgerät, auf die du das Plättchen 1 legst, also Plättchen 1 auf das Feld 12 im Geräteboden.
Die Zahl **1** muss nach oben zeigen.

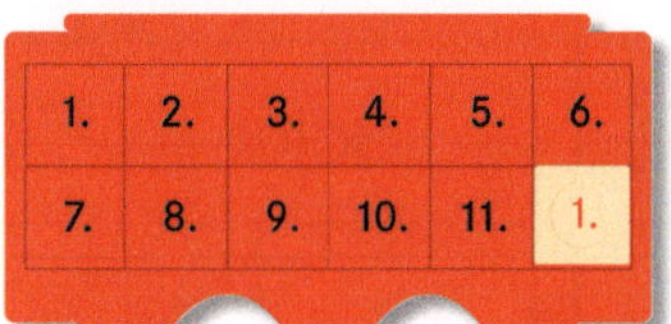

So arbeitest du weiter, bis alle Plättchen im Geräteboden liegen. Schließe dann das Gerät und drehe es um. Öffne es von der Rückseite.

Wenn du das bei der Übungsreihe abgebildete Lösungsmuster siehst, hast du alle Aufgaben richtig gelöst.

Passen einige Plättchen nicht in das Muster, dann hast du dort Fehler gemacht. Drehe diese Plättchen da, wo sie liegen, um, schließe das Gerät, drehe es um und öffne es wieder. Jetzt kannst du sehen, welche Aufgaben du falsch gelöst hast. Nimm diese Plättchen heraus und suche die richtigen Ergebnisse. Kontrolliere dann noch einmal. Stimmt jetzt das Muster?

Das System ist für alle Übungen gleich: Die roten Aufgabennummern im Heft entsprechen immer den miniLÜK-Plättchen aus dem Lösungsgerät.
Die Feldzahlen bei den Lösungen sagen dir, auf welche Felder im Lösungsgerät die Plättchen gelegt werden.

Und nun viel Spaß!

Nomen (Namenwörter) nach dem Abc ordnen

Welches Nomen (Namenwort) kommt nach dem Abc zuerst?

1	Zapfen	12
	Zelt	6
2	Knopf	4
	Kassette	3
3	Würstchen	1
	Wolke	7
4	Birne	11
	Brot	10
5	Essig	7
	Engel	1
6	Fahrrad	4
	Fenster	12
7	Pudding	2
	Pflanze	5
8	Strohstern	3
	Schlüssel	9
9	Brief	8
	Bus	11
10	Blatt	6
	Brett	8
11	Schnee	5
	Salat	2
12	Zaun	10
	Zweig	9

Wörter nach dem Abc ordnen

Welches der drei Wörter kommt nach dem Abc zuerst?

3
- Ferien 8
- Feder 2
- Fee 10

1
- Bohne 7
- beide 5
- bunt 4

2
- genug 10
- Gruß 11
- Glück 6

4
- Abfahrt 12
- als 10
- allein 3

5
- Post 11
- Platz 12
- packen 8

6
- ihre 1
- ihn 5
- ihm 9

7
- Stroh 9
- Stadt 3
- spät 6

8
- früh 2
- Fabrik 4
- Fluss 9

9
- Teich 7
- tun 12
- tragen 5

10
- dürfen 6
- danach 11
- Decke 1

11
- bald 1
- bitten 7
- Beere 4

12
- suchen 8
- sich 2
- schade 3

Nomen (Namenwörter) mit aa, ee und oo

Bei ganz wenigen Wörtern mit langem Selbstlaut steht aa, ee, oo.

Wörter mit aa, ee, oo sind Merkwörter.

Suche die richtigen doppelten Selbstlaute.

1

ein B__t mit Salat

aa 7 | ee 5 | oo 12

2

ein P__r Halbschuhe

aa 3 | ee 10 | oo 8

3

ein B__t im Hafen

aa 10 | ee 6 | oo 2

4

mit M__s bedeckte Felsen

aa12 | ee 2 | oo 6

5

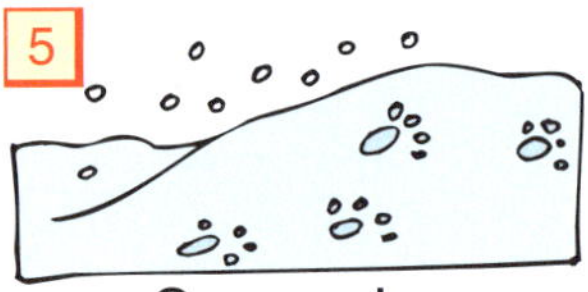

Spuren im Schn__

aa 1 | ee 8 | oo11

6

dunkelbraune H__re

aa 4 | ee 3 | oo 9

7

Schiffe auf dem M__r

aa 6 | ee12 | oo 5

8

ein großer S__l

aa 9 | ee 4 | oo 3

9

B__ren für die Vögel

aa 5 | ee 1 | oo 7

10

eine seltene alte W__ge

aa 11 | ee 9 | oo 1

11

eine F__ aus dem Märchen

aa 2 | ee 7 | oo 4

12

Tiere im Z__

aa 8 | ee11 | oo10

Zusammengesetzte Wörter – groß oder klein?

1

REGEN + NASS

groß 8 | klein 12

2

DACH + FENSTER

groß 4 | klein 6

3

FADEN + DÜNN

groß 11 | klein 7

4

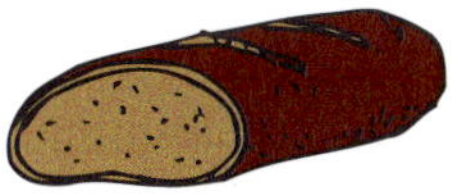

SCHWARZ + BROT

groß 5 | klein 2

5

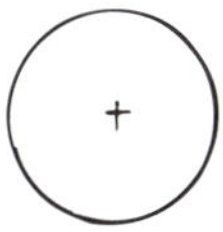

KREIS + RUND

groß 10 | klein 1

6

FRISCH + KÄSE

groß 3 | klein 9

7

HALB + VOLL

groß 1 | klein 11

8

EIS + KALT

groß 7 | klein 10

9

KÜHL + SCHRANK

groß 2 | klein 5

10

FINGER + RING

groß 6 | klein 4

11

SPIEGEL + GLATT

groß 12 | klein 8

12

STACHEL + DRAHT

groß 9 | klein 3

Nomen (Namenwörter) mit St, Sp und Sch am Anfang

Findest du den richtigen Anfang?

1

eine __ere
St 10 | Sp 3 | Sch 4

2
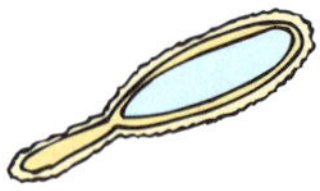
ein __iegel
St 9 | Sp 5 | Sch 7

3

ein __uh
St 6 | Sp 4 | Sch 2

4

ein __ein
St 3 | Sp 12 | Sch 8

5

ein __uhl
St 8 | Sp 1 | Sch 11

6

eine __ülerin
St 4 | Sp 10 | Sch 12

7

eine __itze
St 5 | Sp 9 | Sch 1

8
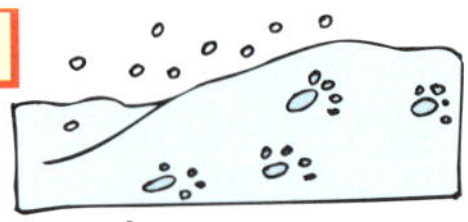
eine __ur
St 2 | Sp 11 | Sch 7

9

eine __adt
St 7 | Sp 2 | Sch 6

10

ein __ortler
St 11 | Sp 10 | Sch 3

11

eine __unde
St 1 | Sp 12 | Sch 5

12

ein __iff
St 9 | Sp 8 | Sch 6

Verben (Zeitwörter) und Adjektive (Eigenschaftswörter) mit st, sp und sch am Anfang

1 Sie rasten den __eilen Abhang hinunter.
st 2 | sp 11 | sch 3

2 Im Fernsehen lief ein __annender Film.
st 3 | sp 9 | sch 5

3 Der Besuch kommt zu __äter Stunde.
st 9 | sp 5 | sch 8

4 Simon __euert einen Rennwagen.
st 1 | sp 6 | sch 7

5 Lisa __enkte Mutter rote Tulpen.
st 4 | sp 6 | sch 11

6 Wer sein Auto liebt, der __iebt.
st 8 | sp 2 | sch 10

7 Das Ergebnis __immt.
st 7 | sp 1 | sch 9

8 Der Baum __iegelt sich im Wasser.
st 5 | sp 3 | sch 12

9 Frau Schröder __impft mit ihrer Tochter.
st 11 | sp 4 | sch 6

10 Heino __azierte durch den Wald.
st 12 | sp 8 | sch 2

11 Du bist ein __olzer Sieger.
st 12 | sp 10 | sch 1

12 Das Bild hängt __ief.
st 10 | sp 7 | sch 4

Reimwörter – Verben (Zeitwörter)

Suche das Reimwort.

1	bleiben	reiben	5	rauben	12
2	fassen	messen	11	lassen	7
3	schreiben	glauben	1	bleiben	3
4	machen	lachen	12	hacken	6
5	stehen	fehlen	7	wehen	9
6	laufen	kaufen	2	strafen	5
7	schneiden	meiden	6	laden	4
8	lenken	tanken	9	schenken	1
9	leben	geben	4	graben	10
10	fliegen	legen	8	siegen	11
11	rollen	wollen	10	bellen	2
12	kochen	bewachen	3	pochen	8

Lustige Reime – Wörter mit tz und Wörter mit doppeltem Mitlaut

Die Reimwörter-Klasse

1 Ein Bli**tz** ist gefährlicher als ein ____.

2 Ich schwi**tz**e bei dieser ____.

3 Ein Scha**tz** liegt unter meinem ____.

4 Die Ka**tz**e steht auf der ____.

5 Wenn sich alle se**tz**en, darf keiner ____.

6 Zu viel pu**tz**en, bringt keinen ____.

Hi**tz**e	8
Matra**tz**e	9
Nu**tz**en	1
pe**tz**en	5
Pla**tz**	11
Wi**tz**	10

7 Nü**ss**e sind härter als ____.

8 Beim Mittage**ss**en darf keiner ____.

9 Mit einem Me**ss**er schneidet man ____.

10 Bei Gewi**tt**er zittert auch ein ____.

11 Gute Bu**tt**er kommt von gutem ____.

12 Nasse Be**tt**en sind kaum zu ____.

be**ss**er	6
fre**ss**en	2
Fu**tt**er	12
Kü**ss**e	3
re**tt**en	7
Ri**tt**er	4

Nomen (Namenwörter) mit doppeltem Mitlaut – Verlängerung und Trennung

Welche doppelten Mitlaute passen?

1 der Ku_ _	viele Kü_- _e	2 das Schi_ _	viele Schi_- _e
3 das Be_ _	viele Be_- _en	4 der Ba_ _	viele Bä_- _e
5 der Sta_ _	viele Stä_- _e	6 der He_ _	viele He_- _en

ff	f - f	5	ll	l - l	2	mm	m - m	4
rr	r - r	12	ss	s - s	7	tt	t - t	10

7 der Gewi_ _	viele Gewi_- _e	8 das Bla_ _	viele Blä_- _er
9 der Gri_ _	viele Gri_- _e	10 die Nu_ _	viele Nü_- _e
11 der Na_ _	viele Na_- _en	12 der Ka_ _	viele Kä_- _e

ff	f - f	9	mm	m - m	6	nn	n - n	8
rr	r - r	3	ss	s - s	1	tt	t - t	11

Verben (Zeitwörter) und Adjektive (Eigenschaftswörter) mit doppeltem Mitlaut – Verlängerung und Trennung

1  es ro_ _t viele ro_- _en	2  er fri_ _t viele fre_- _en
3  sie re_ _t viele re_ - _en	4  er schwi_ _t viele schwi_- _en
5  er tri_ _t viele tre_ -_en	6  es kli_ _t viele kli_- _en

ff	f - f	5	ll	l - l	8	mm	m - m	1
nn	n - n	11	rr	r - r	4	ss	s - s	3

7  kru_ _ kru_- _er	8  kna_ _ kna_- _er
9  gla_ _ gla_- _er	10  schne_ _ schne_- _er
11  dü_ _ dü_- _er 	12  na_ _ na_- _er

ll	l - l	2	mm	m - m	7	nn	n - n	12
pp	p - p	9	ss	s - s	10	tt	t - t	6

Verben (Zeitwörter) mit doppeltem Mitlaut

Was die Tiere alles machen

Suche die richtigen doppelten Mitlaute.

1

Die Tauben gu_ _en.

ll 11	ss 7
pp 4	rr 2

2

Die Klapperschlangen kla_ _ern.

pp 10	ss 5
nn 9	ff 6

3

Die Enten schna_ _ern.

ss 8	rr 9
tt 5	mm 10

4

Die Schwäne schwi_ _en.

tt 3	ss 1
ff 6	mm 7

5

Die Affen kle_ _ern.

bb 4	tt 11
ff 3	ss 8

6

Die Mäuse kna_ _ern.

bb 9	ll 12
mm 11	ff 3

7

Die Bienen su_ _en.

ff 10	ss 2
mm 1	ll 9

8

Die Löwen brü_ _en

tt 12	ll 4
pp 10	nn 1

9

Die Hasen ho_ _eln.

ff 5	nn 11
tt 7	pp 12

10

Die Hühner fla_ _ern.

rr 2	nn 12
tt 8	ll 4

11

Die Strauße re_ _en.

nn 6	rr 8
ll 2	ss 1

12

Die Hunde be_ _en.

tt 7	ll 3
ss 5	mm 6

Tiernamen mit doppeltem Mitlaut – Trennung

Findest du die fehlende abgetrennte Silbe?

1

die Dog-__

2

der Bus-__

3

die Dros-__

4

die Gazel-__

5

der Af-__

6

die Qual-__

7

die Spin-__

8

die Hornis-__

9

die Kreuzot-__

10

der Büf-__

11

die Rat-__

12

der Col-__

fe	5
fel	4
ge	10
le	9
len	7
lie	1
ne	3
sard	8
se	2
sel	11
ten	6
ter	12

Wörter mit einfachem oder doppeltem Mitlaut

Was passt?

1

das spannende Ra__espiel

t	12	tt	7

2

der große Ha__er

m	1	mm	8

3

die frische Bu__er

t	5	tt	9

4

das Ge__üse aus dem Garten

m	11	mm	2

5
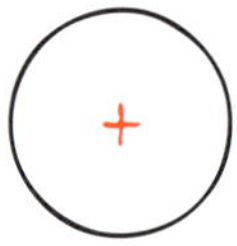
der Mi__elpunkt des Kreises

t	6	tt	3

6

die fleißige Bie__e

n	7	nn	4

7
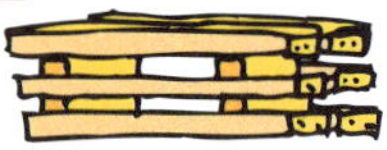
ein Stapel Bre__er

t	3	tt	5

8

die langsa__e Schnecke

m	2	mm	11

9

die ro__e Rose

t	10	tt	12

10

das gla__e Eis

t	9	tt	6

11

die saubere Ta__el

f	4	ff	10

12

der blaue Hi__el

m	8	mm	1

Noch mehr Wörter mit einfachem oder doppeltem Mitlaut

Nr.	Aufgabe	einfach		doppelt	
1	die su__ende Mücke	m	12	mm	11
2	das Messer aus Stah__	l	7	ll	8
3	vier neue Ersatzrä__er	d	9	dd	8
4	ein fe__es Schwein	t	2	tt	12
5	eine blaue Blu__e	m	3	mm	9
6	das glänzende Na__ensschild	m	8	mm	1
7	das schmale Pa__elboot	d	11	dd	6
8	die reife Toma__e	t	1	tt	7
9	die hohe We__e	l	4	ll	10
10	für den Frieden be__en	t	5	tt	3
11	der bru__ende Bär	m	10	mm	4
12	die kaputte Dachri__e	n	6	nn	2

Reimwörter – Verben (Zeitwörter) mit ck

Welches Wort reimt sich nicht?

1	ba**ck**en	7	kna**ck**en	5	stre**ck**en	10
2	de**ck**en	8	schi**ck**en	6	we**ck**en	4
3	wi**ck**eln	1	stri**ck**en	12	pi**ck**en	8
4	verste**ck**en	10	entschla**ck**en	9	le**ck**en	2
5	fli**ck**en	3	ti**ck**en	11	frühstü**ck**en	7
6	tro**ck**nen	11	schme**ck**en	4	re**ck**en	5
7	pflü**ck**en	12	verrü**ck**en	10	gu**ck**en	3
8	sti**ck**en	2	ni**ck**en	7	erschre**ck**en	12
9	schlu**ck**en	6	fla**ck**ern	8	gu**ck**en	1
10	ra**ck**ern	4	ha**ck**en	3	pa**ck**en	11
11	drü**ck**en	9	zu**ck**en	2	bü**ck**en	6
12	kle**ck**ern	5	schle**ck**en	1	ne**ck**en	9

Nomen (Namenwörter) mit ck – Trennung

1

der süße Zu-__

cke	cker
5	8
cken	**ckel**
11	6

2

zwei schmale Brü-__

cke	cker
8	4
cken	**ckel**
12	1

3

eine grüne He-__

cke	cker
10	9
cken	**ckel**
3	8

4

ein treuer Da-__

cke	cker
3	5
cken	**ckel**
11	7

5

drei schwere Glo-__

cke	cker
9	7
cken	**ckel**
4	2

6

eine rote Ja-__

cke	cker
11	6
cken	**ckel**
1	10

7

der laute We-__

cke	cker
12	1
cken	**ckel**
8	4

8

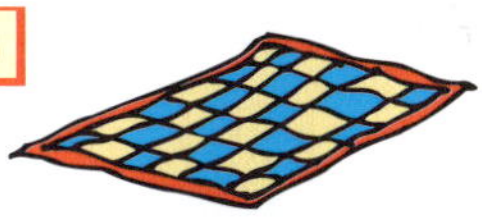

eine bunte De-__

cke	cker
6	7
cken	**ckel**
5	11

9

ein kleiner De-__

cke	cker
4	2
cken	**ckel**
10	9

10

ein Paar So-__

cke	cker
7	9
cken	**ckel**
2	3

11

der fleißige Bä-__

cke	cker
12	3
cken	**ckel**
1	6

12

eine helle Fa-__

cke	cker
10	12
cken	**ckel**
2	5

Wörter mit langem oder kurzem Selbstlaut im Wortstamm

Sind diese Selbstlaute lang ⊖ oder kurz ⊙?

		⊖	⊙
1	Erdbeereis mit Sahne schmeckt g**u**t.	6	8
2	Die Mäuse verst**e**cken sich im Kornfeld.	11	2
3	Jedes Kind n**a**hm sich einen Apfel.	9	10
4	Der Papierkorb war l**ee**r.	5	7
5	In der Zeitung stand eine w**i**chtige Anzeige.	12	3
6	Die Leute sch**i**mpfen über die hohen Preise.	4	1
7	Gegen M**i**ttag kamen die Kinder nach Hause.	2	11
8	Die Mutter r**ie**f die Kinder zum Essen.	8	5
9	Als L**o**hn bekam er eine Kinokarte.	10	6
10	Das Gesch**i**rr wurde abgeräumt.	3	12
11	Alle z**a**nken sich um den Ball.	1	4
12	Vor dem Handeln sollte man immer überl**e**gen.	7	9

Wörter mit kurzem Selbstlaut im Wortstamm

Was folgt auf den kurzen betonten Selbstlaut im Wortstamm?

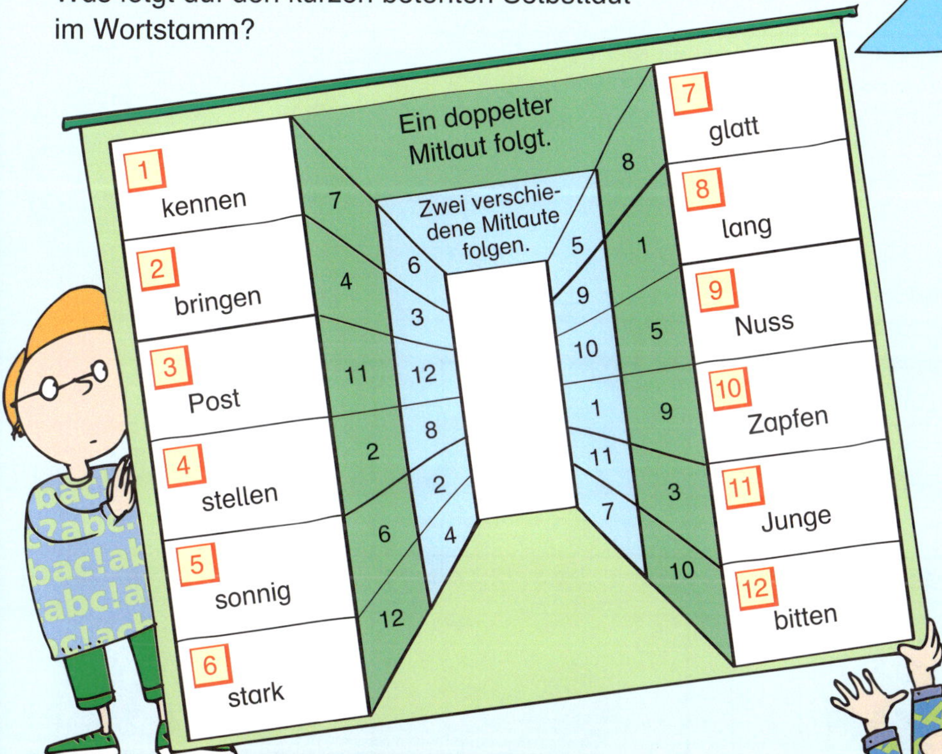

Wörter mit Dehnungs-h – Verlängerungswörter

Was passt?

1

Die Tulpen bl_-_en.

ä-h 11	ö-h 4	ü-h 9

2

Sie s_-_en nichts.

a-h 12	e-h 2	o-h 11

3

Sie n_-_en Kleider.

ä-h 5	o-h 7	u-h 4

4

Alle g_-_en zum Ausgang.

e-h 10	o-h 6	u-h 2

5

Der Ballon steigt h_-_er.

ä-h 3	ö-h 11	ü-h 10

6

Sie m_-_en den Rasen.

ä-h 7	ö-h 1	ü-h 5

7

Die Babys kr_-_en.

ä-h 4	ö-h 9	ü-h 3

8

Die K_-_e fressen.

ä-h 6	ö-h 10	ü-h 8

9

Die Ritter dr_-_en mit ihren Schwertern.

a-h 8	o-h 12	u-h 1

10

An der Haltestelle st_-_en Leute.

a-h 2	e-h 3	o-h 12

11

Die Sch_-_e sind kaputt.

a-h 9	o-h 8	u-h 6

12

Gestern s_-_en wir fern.

a-h 1	e-h 5	o-h 7

Wörter mit Dehnungs-h – Merkwörter

1

Der ____
unterrichtet die Kinder.

2

Oma ____
eine Geschichte.

3

Die ____
hängt an der Wand.

4

Ulla schenkt ____
ein Eis.

5

In der ____
sitzen Fahrgäste.

6

Elefanten haben
große ____.

7

In der ____
leben Bären.

8

Mutter putzt
____ Brille.

9

Der ____
macht eine Pause.

10

Vater ____
ein Loch.

11

Auf der Torte
ist ____.

12

Für Brotteig braucht
man ____.

Bahn	12
bohrt	9
erzählt	1
Fahrer	11
Höhle	10
ihm	4
ihre	7
Lehrer	3
Mehl	2
Ohren	8
Sahne	5
Uhr	6

Wörter mit Pf/Pfl/Pl und pf/pfl/mpf

Was fehlt?

1  der To__ — pf 7 · pfl 5 · mpf 9

2  die __aume — Pf 3 · Pfl 11 · Pl 8

3  kä__en — pf 11 · pfl 7 · mpf 10

4  die __anne — Pf 8 · Pfl 2 · Pl 11

5 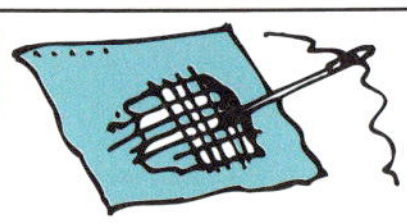 sto__en — pf 4 · pfl 3 · mpf 1

6  __anzen — pf 2 · pfl 12 · mpf 7

7  der __atz — Pf 6 · Pfl 12 · Pl 2

8  der Kno__ — pf 5 · pfl 6 · mpf 9

9  der __effer — Pf 9 · Pfl 10 · Pl 5

10  das __aster — Pf 12 · Pfl 1 · Pl 4

11 

das __akat — Pf 10 · Pfl 4 · Pl 3

12  schi__en — pf 1 · pfl 8 · mpf 6

Wörter mit pf und ff – Trennung

Was passt?

1

ein o__enes Tor
pf 6 | ff 5

2

Tro__en am Wasserhahn
pf 1 | ff 10

3

die Küken schlü__en
pf 9 | ff 12

4

den Ko__er packen
pf 7 | ff 6

5

an die Tür klo__en
pf 3 | ff 9

6

eine gefährliche Wa__e
pf 5 | ff 2

7

Bier za__en
pf 12 | ff 3

8

auf einen Gewinn ho__en
pf 4 | ff 7

9

Frösche hü__en
pf 10 | ff 11

10

an der Gitarre zu__en
pf 11 | ff 1

11

scharfer Pfe__er
pf 8 | ff 4

12

ein Ziel tre__en
pf 2 | ff 8

Nomen (Namenwörter) mit d/t und g/k am Ende – Verlängerung

Was passt?

1		ein Fahrra_ zwei Fahrrä_er	d 4	t 3
2		eine Fabri_ zwei Fabri_en	g 5	k 8
3	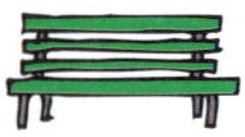	eine Ban_ drei Bän_e	g 2	k 11
4		ein Wal_ zwei Wäl_er	d 3	t 12
5		ein Boo_ zwei Boo_e	d 8	t 5
6		eine Bur_ zwei Bur_en	g 1	k 9
7		ein We_ viele We_e	g 9	k 6
8		ein Zel_ viele Zel_e	d 7	t 2
9		ein Kin_ drei Kin_er	d 6	t 4
10		ein Schran_ zwei Schrän_e	g 11	k 10
11		ein Käfi_ zwei Käfi_e	g 12	k 1
12	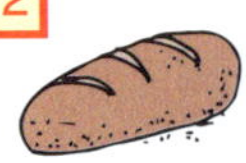	ein Bro_ drei Bro_e	d 10	t 7

Adjektive (Eigenschaftswörter) mit d/t und g/k am Ende – Verlängerung

Nr.	Aufgabe			Nr.	Aufgabe		
1	nebli_ nebli_es Wetter	g 9	k 5	2	run_ eine run_e Scheibe	d 8	t 12
3	har_ har_es Holz	d 6	t 11	4	kran_ ein kran_er Vogel	g 2	k 10
5	muti_ muti_e Kinder	g 5	k 1	6	lau_ ein lau_er Motor	d 11	t 7
7	wil_ ein wil_er Tiger	d 4	t 9	8	star_ ein star_er Bär	g 10	k 2
9	lusti_ eine lusti_e Geschichte	g 12	k 4	10	blin_ ein blin_er Mann	d 3	t 8
11	bun_ ein bun_es Hemd	d 7	t 6	12	klu_ ein klu_es Mädchen	g 1	k 3

Nomen (Namenwörter) und Adjektive (Eigenschaftswörter) mit b, d und g am Ende – Verlängerung

Welches ist der richtige Mitlaut?

1 der Kor_

drei Kör_e

b	d	g
4	7	10

2 wichti_

ein wichti_er Brief

b	d	g
11	5	8

3 gesun_

gesun_es Obst

b	d	g
6	11	2

4 das Pfer_

zwei Pfer_e

b	d	g
8	3	1

5 gel_

zwei gel_e Birnen

b	d	g
5	8	11

6 das Sie_

drei Sie_e

b	d	g
7	1	4

7 der Ber_

hohe Ber_e

b	d	g
3	4	9

8 wil_

ein wil_er Hund

b	d	g
12	2	7

9 hungri_

ein hungri_er Fuchs

b	d	g
2	9	12

10 frem_

eine frem_e Frau

b	d	g
9	10	3

11 der Umschla_

viele Umschlä_e

b	d	g
10	12	6

12 lie_

eine lie_e Katze

b	d	g
1	6	5

Wörtliche Rede mit Begleitsatz – Satzzeichen

An der Ampel

wörtliche Rede (Frage)

Ali fragt: „Möchtest du mit mir spielen?“

Doppelpunkt | Anführungszeichen unten | Anführungszeichen oben

Tina erwidert: „Nein, heute nicht!“

wörtliche Rede (Ausruf)

Suche die richtigen Satzzeichen.

1

! 4	? 8	“ 2
. 6	: 3	„ 10

2

! 11	? 10	“ 5
. 1	: 8	„ 3

[1] Halt, bleib stehen [2] “, ruft Mutter Claudia zu.

3

! 1	? 2	“ 12
. 10	: 9	„ 8

4

! 8	? 11	“ 9
. 7	: 3	„ 5

[3] Bei Rot musst du warten [4], erklärt sie ihrer Tochter.

5

! 6	? 4	“ 7
. 3	: 2	„ 9

6

! 7	? 12	“ 4
. 9	: 1	„ 12

Dann fragt sie [5] „Hast du schon den Knopf gedrückt [6] “

7

! 2	? 6	“ 3
. 12	: 10	„ 4

8

! 9	? 1	“ 11
. 5	: 6	„ 2

„Ich dachte [7], erwidert Claudia, „dass du das gemacht hast [8] “

9

! 3	? 5	“ 8
. 11	: 7	„ 1

10

! 12	? 7	“ 6
. 4	: 5	„ 11

Ihre Mutter entgegnet [9] „Trotzdem musst du Grün abwarten [10] “ –

11

! 10	? 3	“ 1
. 8	: 12	„ 7

12

! 5	? 9	“ 10
. 2	: 11	„ 6

„Wenn alle die Ampel beachten [11], meint ihre Mutter, [12] kann eigentlich nichts passieren.“

Stammerhaltung bei Verben (Zeitwörter) mit doppeltem Mitlaut

So geht das:
1 Der Wortstamm heißt fall . Er hat auch den doppelten Mitlaut ll.
Lege Plättchen 1 in Feld 6 .

Suche die richtigen doppelten Mitlaute.

1  Die Birne fä_ _t.	2  Das Wasser ri_ _t.	3  Das Kleid pa_ _t.
Grundform: fa_ _en	Grundform: ri_ _en	Grundform: pa_ _en
4  Der Hund klä_ _t.	5  Der Vater ti_ _t.	6 3 + 4 = 7 Die Aufgabe sti_ _t.
Grundform: klä_ _en	Grundform: ti_ _en	Grundform: sti_ _en

ff	1	ll	2	mm	5	nn	6	pp	10	ss	4

7  Das Holz bre_ _t.	8  Die Biene su_ _t.	9  Das Huhn scha_ _t.
Grundform: bre_ _en	Grundform: su_ _en	Grundform: scha_ _en
10  Der Kranke ho_ _t.	11  Das Kind wi_ _t.	12  Die Peitsche kna_ _t.
Grundform: ho_ _en	Grundform: wi_ _en	Grundform: kna_ _en

ff	8	ll	11	mm	12	nn	7	pp	9	rr	3

Zusammengesetzte Nomen (Namenwörter) mit ng und nk – Wortfamilien

Welches ist das verwandte Verb (Zeitwort)?

1 
der Glockenkla**ng**

2 
das Ostergesche**nk**

3 
der Gesa**ng**lehrer

4 
das Milchgeträ**nk**

5 
der Bergha**ng**

6 
das Fu**nk**gerät

7 
der Weitspru**ng**

8 
die De**nk**aufgabe

9 
der Ri**ng**kampf

10 

der Ta**nk**wagen

11 
der Fischfa**ng**

12 
das Bli**nk**licht

fa**ng**en	8
hä**ng**en	7
kli**ng**en	6
ri**ng**en	2
si**ng**en	1
spri**ng**en	11
bli**nk**en	4
de**nk**en	3
fu**nk**en	10
sche**nk**en	9
ta**nk**en	12
tri**nk**en	5

Verben (Zeitwörter) mit g und k in der Gegenwartsform – Verlängerung

Welches ist der richtige Mitlaut?

1

er fra_t

Grundform: fra_en

g 4 | k 6

2

sie wer_t

Grundform: wer_en

g 3 | k 11

3

er win_t

Grundform: win_en

g 1 | k 8

4

sie fe_t

Grundform: fe_en

g 3 | k 9

5

es sin_t

Grundform: sin_en

g 10 | k 2

6

sie zei_t

Grundform: zei_en

g 12 | k 5

7

er har_t

Grundform: har_en

g 11 | k 9

8

sie sä_t

Grundform: sä_en

g 5 | k 12

9

er len_t

Grundform: len_en

g 2 | k 7

10

es spu_t

Grundform: spu_en

g 7 | k 10

11

er sau_t

Grundform: sau_en

g 1 | k 8

12

sie schwei_t

Grundform: schwei_en

g 6 | k 4

Verben (Zeitwörter) mit b, d und g am Ende in der Vergangenheitsform – Verlängerung

1 Er tru_ einen Korb.
wir tru_en
Grundform: tra_en

b 5	d 3	g 12

2 Sie fan_en viele Pilze.
wir fan_en
Grundform: fin_en

b 6	d 10	g 5

3 Er rie_ Kartoffeln.
wir rie_en
Grundform: rei_en

b 7	d 6	g 9

4 Sie lu_ Sand ein.
wir lu_en
Grundform: la_en

b 10	d 5	g 11

5 Er ho_ Papier auf.
wir ho_en
Grundform: he_en

b 1	d 8	g 2

6 Sie gru_ ein Loch.
wir gru_en
Grundform: gra_en

b 9	d 1	g 10

7 Er ban_ die Ziege an.
wir ban_en
Grundform: bin_en

b 3	d 11	g 8

8 Sie schlu_ auf den Tisch.
wir schlu_en
Grundform: schla_en

b 12	d 7	g 4

9 Er ga_ uns Karten.
wir ga_en
Grundform: ge_en

b 2	d 12	g 1

10 Sie bo_ um die Ecke.
wir bo_en
Grundform: bie_en

b 4	d 2	g 6

11 Er scho_ den Wagen.
wir scho_en
Grundform: schie_en

b 8	d 9	g 7

12 Sie wo_ Mehl ab.
wir wo_en
Grundform: wie_en

b 11	d 4	g 3

Suchrätsel – Nomen (Namenwörter) mit Qu/qu, X/x und Y/y

Suche die versteckten Wörter.

1	V	E	X	Y	L	O	P	H	O	N	T	A
2	A	X	Y	N	G	H	A	N	D	Y	D	O
3	R	A	Q	U	A	L	M	I	X	A	K	S
4	O	C	K	W	Y	P	S	I	L	O	N	Z
5	F	I	B	A	B	Y	A	X	I	N	D	E
6	X	A	D	Y	M	T	E	D	D	Y	N	U
7	I	Q	U	H	E	X	E	B	Y	N	P	W
8	U	S	A	Q	U	A	R	I	U	M	H	Y
9	C	E	N	X	C	H	Y	A	K	I	L	K
10	J	A	C	I	T	Y	B	O	R	A	U	L
11	G	Y	N	Z	Q	U	A	L	L	E	S	T
12	S	U	B	O	X	E	R	N	D	A	N	G

das Aquarium 7	das Baby 10	der Boxer 2	die City 5	das Handy 1	die Hexe 12

die Qualle 9	der Qualm 4	der Teddy 8	das Xylophon 11	der Yak 3	das Ypsilon 6